Linke/Fischer

Kaum gedacht, bist du zersprungen

Detlef Bernhard Linke/Hans Rudi Fischer

Kaum gedacht, bist du zersprungen

Gedichte mit Aussprache

JANUS

Die Deutsche Bibliothek – CIP-Einheitsaufnahme

Linke, Detlef Bernhard:
Kaum gedacht, bist du zersprungen: Gedichte mit Aussprache/
Detlef Bernhard Linke; Hans Rudi Fischer. – Köln: Janus,
1991

ISBN 3-922607-15-2
NE: Fischer, Hans Rudi:

Umschlaggestaltung: Guido Klütsch
Gesamtherstellung: Druckhaus Köthen GmbH
ISBN 3-922607-15-2
Printed in Germany

Inhalt

Detlef Bernhard Linke
TAGE AM LI-FLUß

Vorwort

Auf Kreta, wo Zeus vor seinem Vater, Kronos, verborgen zwischen Himmel und Erde aufwuchs, wiederholt Hans Rudi Fischer den griechischen Mythos von der Überwindung der Zeit, die in Liebe verwandelt zu neuen Ekstasen findet: „heute liebe ich dich morgen flieh' ich dich und übermorgen kehre ich zu dir zurück".

Mit der Formulierung des „fels oder traum" führt er ein in eine Welt, welche die Differenz zwischen dem „ich denke" als unerschütterlichem Fundament und den Wirklichkeiten der Tiefenpsychologie nicht mehr aufrecht erhalten will. Was zunächst als Ich-Verlust erscheint, stellt sich als „Zeitgewinn" heraus.

Am Li-Jiang war die Dauer eine der interessantesten Spiegelungen über dem Fluß. Ein Kristall zieht jedoch zuviel Spiegelung auf sich. Wenn er sich einstellt, ist es, als ob die Frage nach der Dauer gestellt würde, welche die Zeit erst entstehen läßt. Denn er kann zerspringen. Vielleicht aber muß man auch dieses noch durchstehen, um dem Kosmos seine Weite zu lassen.

Die Suche nach dem Kristall kann von Worten ihren Ausgang nehmen. Ist es erst einmal so weit, dann muß alles zur Sprache kommen. Darum sind es Gedichte mit Aussprache.

Das Ich, das sich in einer Natur gewordenen Geschichte verliert, wie sie der Li-Fluß im Süden Chinas darstellt, kann daraus Stärke gewinnen. Als für den Verfolger zwischen Himmel und Erde unauffindbar, kann es sich, wie ein früher Mythos beweist, auch auf Kreta fühlen. Der stärkenden Bewegung des Ich-Verlustes sind beide Autoren im Asiatischen und Europäischen auf der Spur, Himmel und Berge, Himmel und Fluß, Berge und Fluß und Himmel und Meer bespiegelnd.

Vor der Fahrt nach Guilin, der Stadt mit den Körben voller Wasserschlangen, wo der Elefantenberg seinen Rüssel in den Li-Jiang taucht, beschenkten Studenten und Mitglieder der Hubei-Universität in Wuhan einen der Autoren 1988 mit ihrer Gastfreundschaft und waren voller Hoffnung unter dem Leitwort der „handelnden Dichtung" einen versöhnlichen Ausgleich zwischen den ältesten Traditionen und der Jetzt-Zeit zu finden. Doch auch hier galt: „Kaum gedacht, bist du zersprungen".

Sommer in Anidri

Hans Rudi Fischer

Für Ruth S.

Kündigung

Geöffnet,
deine tür verschlossen,
welkes laub die
verlorenen wörter
in gekündigten räumen. vergessen.
geöffnet,
die fenster deines zimmers,
leise greift der wind
meinen geruch, fort,
ein hauch ins echo des abendwindes.

Stundung ist die geschichte gewesen,
verstümmelt ihr sinn
in den grenzen meines zimmers. klirrend
sind die zeiten wieder geworden.
leer ein traum,
verträumt,
ein blitz
in reife nachtgedanken.

Nun am ziel endlich
glaube ich:
ich hätte dich geliebt
und du hast es gewußt.
fröstelnd rolle ich
alte wunden auf neue höhen,

starre geblendet
in geschlossene augen
der zukunft, entschlossen
und stumm
in den räumen
der zeit.

Immer und Nie

Immer und nie
wird unsere sprache
berührung sein
werden wundte lippen
auf mündern
sprachlos verebben
und schweigen
katapulte der ängste spannen.

Immer und nie
werden unsere sätze
korinthen sein
träume oder zwirn
gesponnen
aus zerfaserten wahrheiten
abgerissener wünsche.

Immer und nie
werden unsere worte
wälle von blut
überschreiten und
pfähle einrammen
in fugen von lügen

Immer
werden punkte und kommas
heucheln
muß wahrheit
geschwiegen werden.

immer und nie
verstehen wir
werden wir verstanden.
immer und nie
alles und nichts
grenzen.

Salziger Tau (Telegramm)

Du gingst
schon als unsere körper
sich erstmals berührten,
als nur salziger tau
unsere leiber noch trennte …
als unsere sprache
zärtlichkeit war
gingst du.
eine stunde
atmeten wir
leben.
zurück blieb
einsame hoffnung.

Spuren (Telegramm)

Während asche und zeit
verwehen im raum
weiß ich:
heute lieb ich dich
morgen flieh ich dich
und übermorgen
führen spuren der hoffnung
zu dir.
komm immer, komm!

Deine Hand

Bläue, gewichtig
getönt mit zeit
von kranichen nach norden
getragen, wird zeugen
von schattenlosen sehnsüchten
und dämmernder angst;
du wirst es verstehen
und deine hand
wird uhren lähmen,
zeiger auf haltlose
träume richten
und die zeit
sanft verwischen.
ja, du wirst es sein.

Fluß und Mäander

Wenn
träume haltlos
von schwachen himmeln blättern
bäume mutlos
an steinen sich verwurzeln
und ein harz aus alten wunden perlt
bäumt sich ein tod
lebendig
in gekrümmten horizonten
und ein fluß
nährt alles
von versiegter quelle:
wurzel und baum
fels oder traum.

Unverbindlichkeit

Verrauscht
traumzeit aus küssen
muscheln und meer
branden zurück
zeit peitscht
sehnsüchte voran
schnee schmilzt
auf glühenden lippen
sterne sterben wieder
kristallne wünsche
starren in lichtlose nacht
sprachlos bleiben
sternschnuppen
fluß oder stein
verglühen
gestundetes ableben
traum ohne wiederkehr
dich brauche ich.

Gipfel

Auf ungestümen Gipfeln
ungeduldige Begierden
stillen.
Sterne in den Abgrund
werfen und
blaue Kometen
in Horizonten löschen.
In Ruinen der Zeit
wortlos
eine Sprache sprechen.
In den Fängen
des Todes
zeitlos weiterringen,
leben,
Smaragd oder Türkis,
lieben.

Vision (Telegramm)

Heute
hab ich die lippen
der zukunft geküsst,
ein himmel tat sich auf
und ein komet
erleuchtete einen traum:
heute
hab ich dich geküßt.

Fernen (Telegramm)

Getrost darfst du mir
von fernen schweigen
und sprachlos sein
doch wie gern
saugt ich nähen
aus deinem mund
in meinen leib
hinein.

Widmung

wenn asche und zeit
verwehen im raum
wirst du noch begehren
leben und zukunft
und sie wird kein
blinder spiegel sein.
du wirst dich erblicken

Die Flüchtenden

atemlos
gegen das dämmern
im gedärm revoltierend
stillen sie
die gazellen der gezeiten.
ein mond
jagd ihr blut
an die ufer der fremde
und auf der flucht
verschleißen sie
ihre kräfte:
die liebenden.

Sommer

wenn sonne
fische atemlos in
den tod treibt
und küsse
lautlos stranden
und tod
die einzige sehnsucht
ist und nicht ist
leben das begehrt,
werden geier
die zeit
in stücke reißen
und zikaden
zeitlos die arbeit
von sisyphos beklagen,
ich aber
werde gelernt haben,
daß lieben
alles ist:
fisch oder sonne
hoffnung und tod.

Lautlos
werfen wellen licht an land,
leise
schweben möwen über kommende ufer.
Von fern,
kaum noch hörbar,
längst verhallt, die warnenden stimmen
der delphine.
Ruhig
die see,
nicht hier
türmt ein aufgewühlter himmel
wolken in die tiefe,
nicht hier
vergittern kondensstreifen titanischer vögel
das spärliche blau der himmel. Noch
dort,
weit am horizont der zeit,
nicht hier,
reißen sie löcher in den himmel,
donnern grelle wolken
in die städte,
bebt die zukunft zu asche,
nicht hier. Hier
flieht das licht zurück
ins meer,
verläßt die ufer der inseln
lautlos,

hier nicht. Noch
nicht hier. Hier.

Detlef Bernhard Linke

Eine Poetologie des Oder: Fischers Sonne

Oder

Paul Valery hatte jahrelang versucht, Mallarmées Methode ausfindig zu machen, bis er bemerken mußte, daß Mallarmée keine Methode hatte, sondern daß sich in seinen Gedichten einfach — mehrfach — ein Mensch aussprach. Eine Poetik im Sinne einer Wortsetzungsanleitung ist immer wieder versucht worden, über das programmatische Herausheben von Akzenten oder auch bestimmten Worten und Tonfällen aber nur selten hinausgelangt. Auch Wortdeutungsanleitungen verfuhren zumeist so, daß sie aus der Vielzahl der Worte bevorzugte herausnahmen, um mit ihrem Besitz das Verständnis der stehengebliebenen zu fördern. Erstaunlicherweise gelingt es häufig beim Hervorheben bestimmter Worte, auch die mit ihnen bevorzugt einhergehenden Strukturen, wenn nicht namhaft, so doch näher auftretend zu machen. So öffnet der statistische Hinweis auf eine Häufung des „Nämlich“ in Hölderlins Werken den — zumeist allerdings ohnehin dafür geöffneten — Blick auf den großartigen Kampf des Namhaft-Machens bei diesem Dichter.

Es ist maßvoll, daß Poetologien, auch wenn sie nicht zu Recht glauben sollten, es mit dem Wort zu tun zu haben, dennoch vom Wort ausgehen. Ob es angemessen ist, bleibt eine andere Frage. Die Antwort auf große Augen ist der Blick. Aber besteht ein Gedicht aus Worten?

Ich glaube es nicht. Und vielleicht sollte man gerade deshalb das Wort aufsuchen, mit dem die Sprache verlassen wird.

Wenn
träume haltlos
von schwachen himmeln blättern
bäume mutlos
an steinen sich verwurzeln
und ein harz aus alten wunden perlt
bäumt sich ein tod
lebendig
in gekrümmten horizonten
und ein fluß
nährt alles
von versiegter quelle:
wurzel und baum
fels oder traum.

Bei Hans Rudi Fischer ist es das Oder, welches die Sprache verläßt und diese nur wenn wir sie verlassen auch erweitert. Das Oder imitiert einen Tropus, eine Hinundzurück-Metapher, die sich in einer einlinigen Übertragung nicht beruhigt, sondern eine Spende auch von Seiten des

Transplantatempfängers, eine Zwitterbefruchtung wie bei Schnecken, kurz einen Janus-Tropus erwirkt, der nicht nur den Fuß des Berges, sondern auch den Berg des Fußes zugleich und somit den Berg des Fußes des Berges kennt. Der Doppelkopf-Tropus des Oder schaut bei Fischer jedoch nicht in dualistischer Zwiefalt heraus, sondern drängt auf ein Drittes, — oder gar Viertes?

wurzel und baum
fels oder traum.

heißt es in dem Gedicht „Fluß und Mäander", in dem „träume haltlos von schwachen himmeln blättern" und „bäume mutlos an steinen sich verwurzeln". Man könnte geneigt sein, hier erst einmal die Bilderkunde zu befragen, die sich mit der Aufzeichnung und Deutung von Träumen in diesem Jahrhundert mit einem Überbau hervorgetan hat, der allerdings „Tiefe", „Wurzel" und „Halt" für seine Hermeneutik selber nicht entbehren kann, wenn er denn noch verstehen helfen will. Die Tiefenpsychologie, welche sich selber durch eine Höhenmetapher eingrenzt und diszipliniert, wird kaum geeignet sein, den Metadiskurs zu liefern, den wir angesichts einer „Steinverwurzelung" gerne parat hätten. Ein Gedicht spricht seinen Logos selber aus, eine Poetologie kann dennoch auf die Satzlogik des Sätzens und Setzens noch etwas Draufsetzen, daß dies aber nur die Tiefe und gar jene der Seelenlehre sein sollte, ist nicht einzusehen, solange die Seelenkunde den nous poetikus, den setzenden Geist, gar nicht in den Blick nehmen will.

Dichtung, welche Verwurzelung zum Thema hat, behandelt den Ort, an dem die Tiefenpsychologie sich selber einzurichten versucht, was dazu führen kann, daß beide sich zu weit vereinigen und schon wieder — janusköpfig — voneinander wegblicken. Bei Fischer blättern die Träume vom Himmel; der den Kopf abwärts neigende Tiefenpsychologe hätte sie weiter unten vermutet. Wir nehmen daher die Perspektive des Letzteren nicht ein, sondern fragen uns, was das denn für eine Vertikale sei, auf der sich all dieses abspielt, zumindest, wie Fischer sie gestaltet. Der Baum, der sich hier bäumt, ist der Tod, der Tod, der wiewohl lebendig, nicht einmal die Vertikale richtig stehen läßt:

in gekrümmten horizonten

Hier ist alles vorbei: Der Tod hat zugeschlagen. Doch der Tod ist lebendig. Er bäumt sich. Ein Baum ersteht. Gekrümmt in den Horizont. Aber immerhin ein Baum, damit kann man etwas anfangen. Nun ja, gekrümmt. Nun denn, ein Mäander. Ein Mäander, ein Fluß! Hurra! Alles schwach, alles haltlos, tot, doch der Tod bäumt, lebt und fließt. Das genügt. Nein, das genügt nicht nur, das nährt. Der Tod ein Mäanderfluß. Der Tod ein sich bäumender Baum. Der Tod nährt den Tod. Was soll es! Es ist mehr als der Tod. Er nährt sich selber — und die Dichtung. Jetzt wissen wir es. Dichtung vermag im Tod zu leben. Sprache bleibt. Man mag sie verlassen und sie bleibt dennoch.

Erstaunlich.

Keine Geborgenheit zwischen Himmel und Erde, denn auch die Wurzeln liegen frei. Keine Betrachtung aus der sicheren Krümmung des Horizontes, denn aus der Wunde tropft Harz, Grund zum Aufbäumen, dorthin wo der Weltenbaum steht, die Weltenesche, vielleicht aber ist es der Tod. Zeitlos, beständig, aber ohne fundamentum inconcussum, denn der Stein wird vom Fluß genährt, der ein sich bäumender ist. Kreislauf-Stillstand: Ouroboros-Mäander. Es schlängelt sich den Baum hin hoch: tödliche Erkenntnis. Perspektive der Mäanderschlange auf den kraftlos werdenden halberklommenen Baum: Wo war noch mal oben, wo unten? Die Träume blätterten vom Himmel, aber der Baum stand auf Fels oder Traum?

fels oder traum

Kein clare et distincte, Descartes muß mit dem Traum zu leben lernen, vielleicht mit dem Fels als Traum oder dem Traum als Fundament. Der Baum der Erkenntnis ist kein Entscheidungsbaum mehr. Er kennt keine differentia specificans, welche klassifikatorisch die Abgrenzung von Tierreich und Großpflanzen gestatten würde, nein, aufbäumend gelangt die Schlange ins Geäst. Aus dem Oder folgen keine klar unterschiedenen Verzweigungen, vielmehr setzt es eine harzperlende Wunde, die den Tod sich aufbäumen und den Baum dadurch überhaupt erstehen läßt. Aus den Krümmungen der Horizonte schlängelt sich der Tod heran, die Aufbäumung zu nähren, die der Tod ist. Im Koordinatenkreuz des Todes zeigen sich Raum und Leere, alles oder nichts.

Fisch oder Sonne

In dem Titelgedicht „Sommer“ des sonnenheißen Sommers auf Kreta ist keine Rede von Verwurzelung. Die Vertikale reicht hier ins Meer und wenn sie Land sucht, dann stranden die Fische. Die Aufbäumung in der Flußlandschaft kam aus dem Horizont, hier jedoch wird die erbarmungslose Ursache des Todes offenbar: Die Sonne treibt die Fische in den Tod. In der Spitze der Vertikale selber lauert das Tötende.

wenn sonne
fische atemlos in
den tod treibt
und küsse
lautlos stranden
und tod
die einzige sehnsucht
ist und nicht ist
leben das begehrt,
werden geier

die zeit
in stücke reißen
und zikaden
zeitlos die arbeit
von sisyphos beklagen,
ich aber
werde gelernt haben,
daß lieben
alles ist:
fisch oder sonne
hoffnung und tod.

Bei Camus fühlt sich der Fremde durch die Sonne provoziert zu töten, Fischer jedoch läßt den Fisch an Land und Tod wird für ihn zur Sehnsucht. Keine Revolte, eher Ausstieg, Stranden in Kreta. Das Ich, das Zeit ist — denn was sonst ist die Zeit — wird bei Osiris in Stücke gerissen. Was sollte auch sonst mit Zeit geschehen, die dadurch ist, daß sie Emanation, Trennung, ja vielleicht Lossagung vom Vater ist. Nur ihr Tod — ihre Vollendung — vermag wieder die Einheit herzustellen. Todessehnsucht bewegt den Camusschen Fremden allerdings auch nach dem Aufbegehren angesichts der mediterran blendenden Sonne. Dieser zeigt Kälte gegenüber seiner wirklichen Mutter, weil er sie schon längst als im Tode ihn umgreifenden und bergenden Kosmos liebte. Aufbegehren gab es wohl auch im kretischen Sommer, die Fische, diese koitalen Rumpfwesen, wurden wie die Küsse in den Tod getrieben. Aus dem Hades heraus versucht Sisyphos seine schwarze Sonne aufzurichten, eine Arbeit, die nicht gelingen kann. Vom Himmel des sich aufbäumenden Todes blättern die Träume herab. So kann das Licht nicht bleiben. Fluß und Mäander nährten einen Weltenbaum, der nicht zum Licht reichte, der richtungslos wurde, da der hohe, stürzende Traum wie der Felsenstein es gewesen sein mögen, welche sich zur Verwurzelung reichten. Nur im Oder, im Oder-auch-nicht, bewahrte sich das Bild oder Nicht-Bild des Todes.

Sisyphos vermochte Hades nur kurz zu fesseln. Ares, der Streit, kam schnell herbei, um den Todesfürsten zu befreien. Seither rollt Sisyphos, der Städtegründer, seine schwarze Sonne über die Zacke des Horizonts. „ich aber" sagt Fischer, „werde gelernt haben, daß lieben alles ist". „Alles" heißt hier:

fisch oder sonne
hoffnung und tod

Dies ist in der Tat alles und zwar alles auf eine Weise, die Liebe ermöglicht. Die Herausforderung der toten Sonne wird nicht aufgenommen, denn das Oder, dieses Schibboleth, das in eine Wunde — vielleicht auch ins Paradies — Einlaß gewährt, läßt keinen Gegensatz zwischen getötetem Fisch und tötender Sonne zu. Der Ichthys ist selber auch Sonne und hierin finden sich Tod und Hoffnung zusammen.

Drei Zeitalter ohne Vergangenheit

Der schwellfüßige König von Theben war an der Sphinx nicht vorbeigekommen, ohne die drei Lebensalter des Menschen namhaft gemacht zu haben: Kindheit, Erwachsenenalter und Greisentum. Ist der Sonnenuntergangs-Patrizid zu vermeiden, indem man einen anderen Dreischritt der Zeiten wählt? Aus der Zeitenfolge von Gegenwart, Vergangenheit und Zukunft tritt Hans Rudi Fischer hoffend und liebend heraus ins Heute, Morgen und Übermorgen:

heute lieb ich dich
morgen flieh ich dich
und übermorgen
führen spuren der hoffnung
zu dir.

Die Tiefenpsychologie, diese Megametapher, hat kein Vorrecht, hier zur Deutung bewußt herangezogen zu werden, zumal sie bewußt den Blick auf das richtet, was hier ausgespart wird, die Vergangenheit. Als Rätsellöser ist sie der Patrizid schlechthin, im Blick zurück versteinerte Frau Lot, entschwand Eurydike. Hier wird ein anderer Raum eröffnet, einer in dem „asche und zeit verwehen". Eine Zeit ohne Vergangenheit ist keine Zeit, ist verwehte Zeit, wo das Begehren von „Leben und Zukunft" noch bleibt. Kurz gesagt, es sind Gedichte der Liebe, die als

Geist auf die Zukunft gerichtet ist. Von den — um es mit Schelling zu sagen — drei Weltaltern, jenen des Vaters, des Sohnes und des Geistes, die jeweils Vergangenheit, Gegenwart und Zukunft sind, ist das des Vaters am deutlichsten ausgespart „asche und zeit verwehen“. Also doch ein Vatermord, besonders verwegen und heimtückisch? Dafür könnte man auch das Revoltieren „gegen das dämmern“, das Aufbegehren gegen das väterlich strahlende Antlitz im Moment seines ohnehin statthabenden Untergangs, den Putschversuch während Führungsschwäche, den Abgesang zum Sonnenversinken anführen. Interessant wäre dies nicht, um der Lieblingsmetaphorik der Tiefenpsychologie den Vorrang zu geben, sondern um deren Weitergestaltung bei Fischer auf die Spur zu kommen, denn Liebe scheint hier zu gelingen und dies ist schließlich auch das Ziel der professionellen Tiefenmetaphoriker. In der Tat, Fischer hielt sich auf Kreta verborgen, wo er nicht nur die Gedichte, sondern auch sein Buch über Sprache und Wahnsinn schrieb. Kurz vor der Abreise hatte er „die Lippen der Zukunft geküsst“, nun schrieb er Ellipsen über seinen Zustand, Ellipsen auch im technischen Sinne, wenn er Gedichte als Telegramme von der Poststation an der Küste in Paleohora aufgab, wozu er eine Stunde den heißen Weg am Berghang hinuntergehen mußte, gerannt — wegen der mörderischen Sonne — waren es dreißig Minuten. Den Weg von Anidri hinab, die Stunde des Sisyphos, konnte er nicht genießen, doch er hatte sich höher in den Bergen wohl eingerichtet. Zwischen Himmel und Erde konnte Zeus auf Kreta, den sein Vater verschlingen wollte, nicht gefunden werden, Zeus tötete Kronos, die Zeit. Gleitet die Geschichte doch wieder in das Lieblingsdrama der Therapeuten? Wer will, mag dies so sehen, er sollte jedoch, gerade auch für seine Zwecke, im Auge behalten, wie sehr Ödipus auch der anderen Mythen bedarf, ja, daß diese vielleicht sogar die wichtigeren sein können. Wie gelingt es hier, die Vergangenheit zu bewältigen, die Veraschung des Weltalters des Vaters? Offenbar, indem seine Geliebte Komplizin wird.

... deine hand
wird uhren lähmen
...
ja, du wirst es sein.

An sie wird etwas Männliches abgegeben werden müssen, ihre Hand – die Symbolik ist offenkundig – wird die Vergangenheit auslöschen, ja sie wird sogar den „zeiger auf ... träume richten“, die dann wie unter Flakbeschuß von „schwachen himmeln blättern“. Ja, so kann er sich aufbäumen im Tod, der die Liebe ist. Im Brandungsmeer einer Mittelmeerküste verenden seine Küsse, aber in solcher Gischt erstand auch Aphrodite aus den Blutstropfen des von Kronos entmannten Vaters. Oh vielfältiger Tod, wie reich bist du! Hier sterben Fische, aber hier ist der Fisch auch die Sonne. Denn es war zu sehen

daß lieben
alles ist,
fisch oder sonne
hoffnung und tod.

Welche der vielen Tode soll sich die Psychotherapie herausgreifen, um die Liebesfähigkeit, wie sie möchte, zu fördern? Sie hat sich, anders als die Dichtung, in diesem Punkte festgelegt. Sieht man einmal von dem sogenannten Todestrieb ab, der eher ein Lebenstrieb der Allverschmelzung ist, so kennt die Psychoanalyse im wesentlichen nur den Totschlag des Laios durch Ödipus. Der eigene Tod und der Liebestod und vor allem der Tod des Sohnes für den Vater, der Tod für die anderen bleibt ausgespart. Die von der Dichtung in Jahrtausenden beschworenen Einheit von Tod und Liebe wird nur in einer ihrer bizarresten Verschränkungen übernommen. Der Tod unter dem Vater, der die liebende Aufbäumung des Todes und die Auferstehung einschließt, welche diesen Vater nicht töten lassen muß, sondern gerade in dem Tod durch ihn die eigene Möglichkeitsbedingung erkennt, ist die Erfahrung, die Fischer aus dem Wasser zieht und mit der Poetik des Oder erschließt. Hier besteht vielleicht auch das Eigenrecht der Poesie, die nicht auf den Leisten von z. B. Therapeutik einerseits und Christentum andererseits geschlagen werden müßte. Bereichern könnte sie in diesem Fall sicherlich beides.

Die Poetologie des Oder, will man sie denn als Methode nehmen, bietet mehr Möglichkeiten noch als C. G. Jungs weitreichende Technik der Amplifikation, der Erweiterung von Bedeutungen. Sie würde auch das Problem lösen, welches Jung trotz seiner Amplifikationstechnik nur mit einem scharfen Dualismus behandeln konnte, das Verhältnis von 3 und 4 nämlich. Jung hatte nicht nur in Träumen und literarischen Produktionen, sondern in allen Tätigkeiten des Geistes eine Neigung zur Ausbildung eines Vierer-Urbildes bemerkt, wobei das Vierte zwar als den anderen drei zugehörig auftrat, dennoch diesen gegenüber nicht homogen war, z. B. drei Jäger und ein Hund. Ihm blieb nicht verborgen, daß die mächtige, von Platos Timaios bis über die Trinitätslehre wirksame Tradition des Abendlandes in der Dreigestalt bereits die Vollkommenheit sah und das Vierte ausschloß. Zu dieser Tradition setzte er sich in scharfen Gegensatz, indem er eindeutig für die Vierergestalt Partei ergriff und der Dreifaltigkeitstradition vorwarf, den Vierten, den Teufel, zum bloßen Nichts herabzuwürden und damit die Vervollkommnung und Integration der verschiedenen Seelenkomponenten zu verhindern. Die Trinitätstradition ist jedoch gerade darauf aus, scharfe Dualitäten zu vermeiden und im Dritten aufzuheben. Die Poetologie des Oder liefert nun einen interessanten Lösungsvorschlag für Jungs antitrinitatischen Streit. Die Quaternare

fisch oder sonne
hoffnung und tod

und

wurzel und baum
fels oder traum

sind durch die Identifikationsleistung des Oder zugleich Ternare:

(1) Sonnenfisch, Hoffnung und Tod
(oder auch: Fischsonne, Hoffnung und Tod)
(2) Traumfels, Wurzel und Baum.
(oder auch: Felstraum, Wurzel und Baum)

Eine gewaltige Leistung der psychischen Integrationskraft, von der aber zu fragen ist, ob sie überhaupt zur Methode erhoben werden kann. Wenn man in der Dichtung von Methode und nicht vom Zusammenspiel der Entwürfe individueller Menschen sprechen will, dann höchstens so, daß man sich dem jeweiligen individuellen Lösungsversuch öffnet.

Es wäre jedoch wert, den verbalen Oberflächen-Quaternar, der in der Tiefe zum Ternar wird, noch weiter zu verfolgen. Das Oder eröffnet den Blick in eine Existenzweise zwischen Wort und Urbild, es bezeichnet nicht Dinge, sondern sagt, was *ist*. Wird damit die Poetologie des Oder zu einer Sprache für das Sein, das dann noch als ein zum Tode gerichtetes gedeutet werden sollte? Ich glaube nicht, denn die Zukunft

... wird kein
blinder Spiegel sein.
du wirst dich erblicken.

Heideggers Absage an die Reflexionsphilosophie, die mit dem Hinweis auf den Tod das Ende der Spiegelung deutlich machen wollte, wird hier dadurch unterlaufen, daß die Zukunft von der Liebe bestimmt ist, der auch der Tod untergeordnet bleibt. Keine Seinsgedichte also, aber auch keine Reflexionsgedichte, denn das „du wirst dich erblicken“ richtet sich (auch) an die Freundin, Liebesgedichte also. Da die Liebe alles ist, kennt sie keinen Gegensatz, verschlingt auch jenen Hiatus, den Jung in manichäischer Substantialisierung von Gut und Böse zwischen Trinität und dem Vierten aufmachen und erst danach tiefenpsychologisch synthetisieren wollte. Diese Gegensätze sind bereits in dem Geist überwunden, der Fisch und Sonne verbindet, der Vater und Sohn in Tod und Auferstehung zusammenführt. Vater *oder* Sohn, dies wäre schon ein Wort für die unaussprechliche Einheit, die Fischer, als er die Sonne am Angelhaken hat, auf einen kretischen Felsen oder Traum zieht.

Tage am Li-Fluß

Detlef Bernhard Linke

Für Ingeborg in Liebe

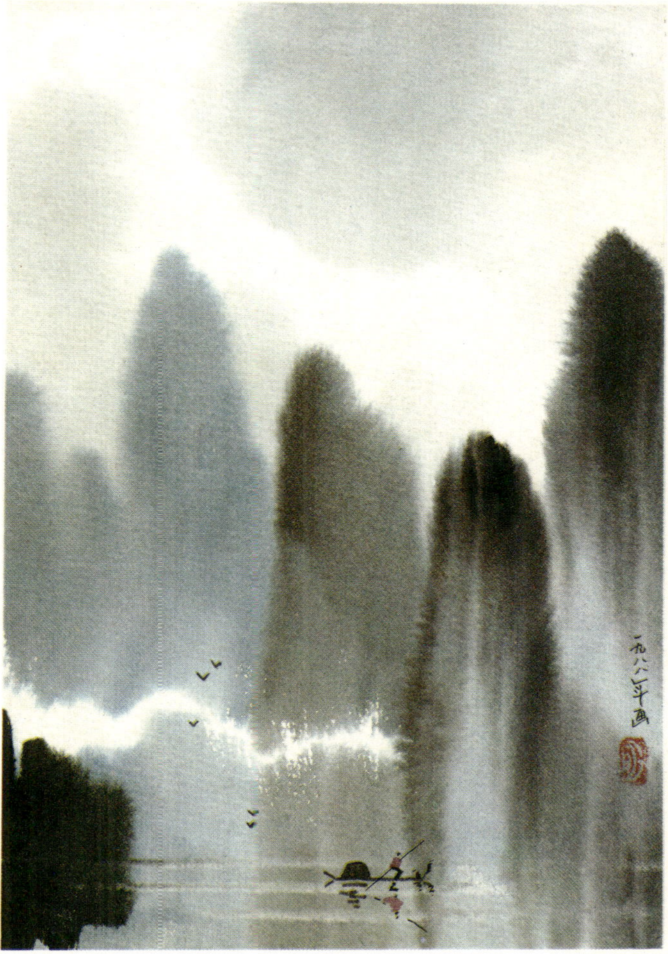
一九八二年画

Ein Bambuszweig
treibt vorbei
am Elefantenberg.
Der Li-Fluß merkt es nicht.
Das ist sein Geschenk.

***

Li-Jiang
weiß von der Reflexion.
Wenn du auf seine
Wasserfläche schaust,
kennt er dich tiefer.

***

Und immer
wenn Li-Jiang ein Frachtboot pflügt
schließt silberne Haut
zur Reflexion sich
dem Himmel.

***

Wenn der Himmel
im Wasser sich spiegelt,
dann hat Li-Jiang
sich verstanden.

***

Ich bin das Wasser
das seinen Spiegel nicht sieht.
In quirlender Helle
tauch ich nach oben.

***

Tauche ins Wasser
aber bleibe an Land.
Im Li-Fluß siehst du
den Himmel sich lieben.

***

Reflexion entbehrt nicht
der Tiefe
Der Li-Fluß
holt alle Wasser zusammen,
um Spiegel zu sein
mit treibendem Bambus voll Leben.

***

Am Li-Fluß.
Wasser heben sich nicht
wie menschliche Spiegel.
Sie wollen
dem Himmel
zu Blicke nur sein.

***

Den Fisch hol an Land,
tauch nicht hinab.
Der Li-Fluß weiß mehr.

***

Viel Wasser
treibt hinab
der Motor
wenn das Schiff
flußauf fährt.
Der Li-Fluß
aber weiß
um die Stille

***

Eine Dschunke
und zwei Flößer
auf dem Li-Fluß.
Sie grüßen einander.

***

Zwei Flößer staken.
Und der Li-Jiang.
Ein Gedicht.

***

Denke Erde und Himmel
noch mal
und die Welt
wird ein Punkt.
Male den Li-Fluß
und weit wird dein Herz.

***

Du darfst
zum Blütenzweig
ans Wasser
dich setzen,
denn den Himmel
beteiligt der Berg
in deinem Rücken.

***

Li-Jiang.
Jeder Berg ist ein Gedicht
wachend
über die Deutung des Flusses.

***

Die Göttlichen
und die Sterblichen
sie schauen sich an
in den Liebenden.

***

Dichter,
wenn du aufs Wasser starrst
lasse seine Seerose
nicht an Land.

***

Über der Stupa
leuchten die Sterne
nirgends sie leuchten
wie dort.

***

Der Fluß ist
ein Gott wohl
sterblich gezeugt
doch trägt er dich fort
wo dich der Himmel beäugt.

***

Auf meiner Flucht
an den Li-Fluß
am Pfirsichblütenufer
ich stand,
vergaß nicht die Berge,
wohl doch das Mädchen
an meiner Hand.

***

Im Fluß
ich denke
den Kristall.
Doch Li-Jiang
ist bescheidener
als die Menschen.

***

Im Li-Fluß
der Mond
dem Elefanten
leuchtet
als Elfenbein.

***

Schau nicht
zu der Pagode
Ihr Wesen
ist hinter dir.
Laß dich
umgeben.

***

Heinrich Heine
brachte den Fluß
auch ins Zeichen,
doch mit Schicksal,
denn hierzu wird Deutschen
das Wort.

***

Nichts ist verletzbarer
als das Herz des Dichters,
doch nichts
nährt es mehr
als die Verletzung.

***

„Ödipus hatte ein Auge
zuviel vielleicht“
er träumte vom Sehen,
es hat in die Wasser
hinabgereicht,
so konnte er Fische
verstehen.
Doch am Li-Fluß
einer erst sprach zu ihm
und sagte, das Wasser
ist grün.

***

In den Bergen von Guilin.
Schau die Zweige
sich schwingen
wie Dächer,
die Wohnung des Frühlings.

***

Malen kannst du
ein Wort hier
doch sag es nur nicht.
Lange mußt du dann suchen
nach dem Kristall,
der es dir birgt.

***

Am Li-Jiang.
Archimedes suchte den Punkt,
die Welt zu bewegen.
Suche die Stille,
daß sie noch bleibt.

***

Wozu die Welt noch bewegen,
der Fluß fließt doch schon.

***

Wenn der Berg spricht
zum Li-Fluß
hört dieser ihn nicht.
Doch der Dichter
auf dem Frühlingsstein
gibt beiden Gesicht.

***

Am Li-Fluß.
Hörst du am Berg
den Gesang
er geht nicht am Flusse
entlang.
Gleitet wohl
tief in die Welt,
zum Kristall,
der sie hält.

***

Der Kristall der Welt
der Himmel und Erde
zusammenhält,
du kannst
ihn nicht greifen,
er will reifen,
bis er sich zugesellt.

***

Der Kristall bist du selber
wenn du
als Kristall dich nicht denkst.
Kaum gedacht
bist du zersprungen,
zerspringe am Fluß!
Schau, die smaragden
treibenden Seelen!

***

Ja, du hattest
die Ruhe doch schon,
warum suchst du
noch mal?
Du wolltest Fluß sein,
den man beschaut
oder Fächer
dem man vertraut.

***

Auf der Suche nach dem Kristall.
Als ich zum Fluß ging
der Mondschimmer meinte,
dieser Kristall,
der bist du doch selbst.
Da fleht ich den Wind an,
der am Tage die Blüten bewegt,
sag meiner Liebsten,
daß ich schon tot bin,
denn der Kristall
der verletzt.

***

Quelle und Perle zugleich
ist eine Frau.
Dichter, scheue dich nicht
mach eine Fahrt
auf dem Li-Fluß.

***

Und zwischen
Erde und Himmel
da steht der Mensch.
Doch ich denke mich
sitzend am Li-Fluß,
manchmal, wenn ich
zwischen Perle und Quelle
entscheide.

***

Ich aß die Lotusblüte
doch Buddha
stürzt nicht vom Sitz.
Ein Gott hat soviel Güte
wie Ursprung und Einschlag
der Blitz.

***

Am Li-Fluß
ist heiliger Geist,
der Zimtbaumpflückern
die Arbeit weist.

***

Am Li-Fluß
den Tod kannst du lernen
ist er doch Tod
hier nicht mehr.
Wolle den
Apfel entkernen,
denn Früchte
sind schwer.

***

Der Li-Fluß
hat Wasser von Glanz.
Es sind die Tränen
der Toten beim Tanz.

Der Li-Fluß
hat Wasser von Glück.
Du siehst
wie die Zeit fließt zurück.

Der Li-Fluß
hat Wasser von Segen.
Laß ans Ufer
uns legen!

***

Zwischen Erde und Himmel
da steht der Mensch.
Doch ich sitze am Li-Fluß
und sehe die drei.

Zwischen Erde und Himmel
da steht der Mensch.
Doch ich sitze
am Li-Fluß
und gehe vorbei.

Zwischen Erde und Himmel
da steht der Mensch.
Doch ich sitze
am Li-Fluß
und denk an uns zwei.

Zwischen Erde und Himmel
da steht der Mensch.
Doch ich sitze
am Li-Fluß
und fließe vorbei.

Zwischen Erde und Himmel
da steht der Mensch.
Doch ich sitze
am Li-Fluß
und Lethe fließt bei.

***

Der Li-Fluß
ist die Kieme
der feuchten Erde
die dich atmet.
Die Frauen steckten sich
die Schwanzflossengräte
schmückend ins Haar.
Damals, als der Fisch
Heiland noch war.

***

Wer den Riß vermißt
— Hegel oder Geometer —
der ist
längst schon vermessen.
Der Flug des Kranichs
gibt dir das Maß,
das Gott dir vergaß.
So geh in dein Vergessen,
das Gott dir bemessen.

***

Pantheismus.
Der Gott des Schreckens,
des sich in den Mittag Erstreckens.
Wenn die Flöte ruft
zerreisset die Welt.

***

Mir sagte der Wind,
daß Spiegel wir sind
und führte mich ein
in den Saal
von Gott und Scherbe zumal,
zu sein,
das Zeichen für Liebe und Qual.

***

Hans Rudi Fischer

Von der Dekonstruktion der Reflexion

Nachdenken über Linkes poetische Meditationen am Li-Jiang

Darum ist der Güter
gefährlichstes, die Sprache
Hölderlin[1]

Hermeneutik der Hinterwelt

Das Kommentieren, Interpretieren von Texten, von Gedichten wird mitunter mit einem tiefgründigen, möglicherweise erbarmungslosen Anspruch verknüpft: dem des Verstehens. Roh kann ein solcher Versuch des Verstehens — und was sollte er nach traditionellem Verständnis anderes sein —, darin sein, daß Verstehen als Sinnbestimmung des Textes verstanden wird. Eine solche Sinn-Be-

[1] Leitwort von M. Heidegger in seinem Aufsatz *Hölderlin und das Wesen der Dichtung*, vgl. M. Heidegger, Erläuterungen zu Hölderlins Dichtung, S. 31, Frankfurt 1951.

stimmung versucht zwangsläufig den Text unter die Kuratel der herrschenden hermeneutischen Vernunft zu bringen und das Kontingente, das Ungesagte, das beredt Verschwiegene, das Unsagbare, das Absurde — wenn es im Text denn zum Ausdruck kommt — zu determinieren, d. h. auszuschreiben, auszubuchstabieren und damit auszutreiben. Das schlechthin Andere des Textes, das Unbestimmbare, das was der Text zum Sprechen bringen kann, ohne es anzusprechen, das was er wähnt, ohne es zu erwähnen, all dies wird unter den Handgreiflichkeiten der interpretierenden Vernunft zum Verstummen gebracht. Diese Hermeneutik der Hinterwelt unterstellt, daß der Text auf etwas verweist, auf etwas anspielt, etwas inauguriert, was nicht der Text selbst ist. Dergestalt scheint der Text eine persona zu sein, durch den das Eigentliche, der wahre Sinn, hindurchklingt und sich somit vernehmbar macht. Aus einem solchen Verständnis ergeben sich Instrumente und Methoden einer Hermeneutik, die ihre Wurzeln in den Folterkammern der alten Metaphysik haben. Die Interpretation eines Textes hat demgemäß vom Augenfälligen, vom Äußeren, dem textlichen Schein auszugehen und daraus das innere, wahre Sein zu bestimmen, zu erfassen und ans Licht zu bringen. Auf der Suche nach der Wahrheit, dem Wirklichen, dem Wesen (eidos), dem was hinter (meta) den Erscheinungen (physika) des Textes verborgen ist, ist dieser hermeneutischen Inquisition nichts zu schade, um den Sinn aus einem Text herauszupressen. Es geht ja schließlich um nichts weniger als die

Wahrheit eines Textes, um das, was unter der Oberfläche, jenseits des bloßen Scheins, verborgen liegt. Der Leib des Textes, verhüllt durch die Zeichen der Schrift, birgt einen Sinn, den es zu entbergen gilt. Ist dieser Sinn durch den Hermeneutiker einmal ans Licht gezerrt, liegt die Wahrheit unverborgen vor uns, das Urteil ist vollstreckt. Jenes Ur-teil trennt die Seele des Textes, seinen Sinn vom Leib, die Lebendigkeit entweicht. Der Text kann als toter Leib zur Obduktion freigegeben werden, der Tradition wird übergeben, was nach dem hermeneutischen Zugriff bleibt, ein erstarrter Textkorpus, dessen Sinn entborgen scheint.

Läßt sich die Seele eines Textes, eines Gedichtes über die Kategorie Wahrheit an den Marterpfahl der Zeitlosigkeit fesseln? Hätten wir nicht der Interpretation den hermeneutischen Zirkel erneut aufzubürden und damit die Interpretation als rekursive Operation aufzufassen, die durch ein Unendliches zu gehen hat? Hätte nicht jede Generation, die die Texte neu auslegt, trivialerweise neue Wahrheiten aus den Texten herauszulesen; hätte nicht jeder Leser seine eigene Wahrheit in den Text hinein- bzw. aus dem Text herauszulesen? Was aber wäre die Wahrheit, wenn sie soviele Brüder und Schwestern hätte, wie durch begierliche Begattungen der Leser gezeugt würden?

Auch hier führt uns die Grammatik des Diskurses in die Enge: Entweder ein Sinn, und eine Wahrheit — dann zeitlos, tot, etc. oder viele Sinne und viele Wahrheiten. Tertium non datur!

Sollten wir an dieser Stelle nicht die Wahrheit aus dem Spiel verabschieden, denn was ist eine Wahrheit, die nicht mehr einzig und allein gilt, sondern viele Schwestern und Brüder hat?

Linkes Gedichte haben mich in diesem Zusammenhang angeregt, jene teilweise alten Fragen erneut zu stellen und vielleicht andere Antworten zu finden. Nach der Lektüre von Linkes Texten ist mir eins besonders klar geworden, wir müssen mit Nietzsches „Einsicht" (bzw. neuer Grammatik), daß es nur Interpretationen gibt, Ernst machen.

Ein Text hat nicht einen Sinn, *den* Sinn, er ist zwangsläufig — wie das Leben — für die Auslegung offen. Wollen wir ihn verstehen, müssen wir ihn aus-legen. Dieses Auslegen ist aber kein ent-wickeln von etwas, was im Text selbst schon enthalten ist, was der Autor in ihm hinterlegt hätte, sondern etwas, was der Leser in ihn hineinlegt. Der Leser muß zuletzt selbst zum Autor werden, er muß also im Text neues Leben entfachen. Der Text sollte von daher ein Feuerwerk von Ideen entzünden können, ein Feuerwerk, das jeweils neu konzipiert werden muß und dessen Farbenspiel unvorhersehbar sein kann.

Verliert der Text dadurch seinen Ur-Autor, müssen wir in postmoderner Manier (oder Manie?) auch seinen Tod feiern? Ich denke nicht. Wenn ich mich nun einem besonderen Typus von Texten zuwende, nämlich Gedichten, so möchte ich betonen, daß sich bei der Auseinandersetzung mit Linkes Gedichten für mich die Frage erhob, ob der Autor sich nicht in seinem Text zunächst aufgibt, um schließlich den Text selbst aufzugeben? Einerseits spricht der Autor im Gedicht unter dem Neigungswinkel seiner eigenen Existenz, er legt sich jeweils selbst aus, er verwirklicht sich und hat sich dem Gedicht aufgegeben. Insofern lebt der Autor fort in seinem Text und der neu zu erzählenden Geschichte, die diesen Text begreifen will. Andererseits hält das Gedicht auf einen Anderen zu, wird einem Brief gleich aufgegeben und sucht einen Ansprechpartner, der es seinerseits im eigenen existenziellen Horizont auslegt, auslegen muß. Hat der Text diesen Anderen gefunden, dann löst er sich schließlich endgültig vom Autor ab und wird autonom. Just an dieser Stelle tritt er als eigenständiges Geschöpf auf, das durch den Leser zu neuem Leben erweckt werden muß. Den Text zu verstehen, heißt aber nun nicht mehr, den Autor zu verstehen. Das ist eine der Einsichten, die mir Linkes Gedichte verschafft haben. Der Text kann also nicht als Steg fungieren, der die Kluft des Nichtverstehens, die den Leser vom Autor trennt, überbrücken könnte. Der Text, als Brücke verstanden, ist selbst im Fluß, ist Fluß und der Autor erscheint dem Leser im Text in einer unüberbrückbaren Nähe, ohne daß er ihn je erreichen könnte. Gedichte sind deshalb ähnlich wie Wittgensteins Leiter, man steigt auf ihnen über sie, den Text, hinaus. Doch *wo* kommt man an, *wo* und *wie* landet man und *wer* kommt an?

Damit möchte ich zu Linkes Gedichten übergehen, denn in ihnen „finde" ich nicht nur die aufgeworfenen Fragen, sondern auch einige Antworten darauf.

Li-Jiang oder der Fluß als Superzeichen

Die vorliegenden Gedichte D. B. Linkes sind während einer Chinareise entstanden. Thematischer Fokus, tragendes Motiv dieses Gedichtzyklusses ist der chinesische Li-Jiang. Jener Fluß ist für den Autor nicht nur Medium von Reflexion, Medium der Selbstreflexion, sondern auch und vor allem Ort mystischer und meditativer Einkehr. Linkes Begegnung mit jenem Fluß, die ja auch eine Begegnung mit sich selbst ist, wird reflektiert und poetisch verdichtet. Linkes Li-Zyklus ist keine leicht verdauliche, eingängige Lyrik, es ist Reflexionspoesie, die den geneigten Leser zu einiger Mühe verführt, ins Labyrinth diskursiver Spiegelungen zu schauen und ihn dafür schließlich durch reizvolle, dichte Bilder und mitunter sehr gelungene Verse und Strophen entschädigt.

Linkes Zyklus über und um den Li-Jiang ist in meinen Augen primär ein Versuch, eine traditionelle abendländische Denkfigur, nämlich die der Reflexion, im Gedicht zu reflektieren. Der Autor entführt den Leser in die magische Welt der Zeichen, des vermittelten Sinns. Der Li-Jiang erweist sich dabei als Superzeichen, als Schlüssel zu einem Zeichenkosmos, der eine Möbiuswelt zum Klingen bringt, in der alles mit allem verwoben ist, in der die Negation in die Affirmation mündet und die Affirmation wieder in die Negation zurückfließt, kurzum: eine Welt, in der alles im Fluß ist. Es ist von daher kein Wunder, daß Linke, der die Kunst der Andeutung beherrscht, in diesen

Zyklus Anspielungen auf Taoismus, Buddhismus, deutschen Idealismus u. a. Ismen einstreut. Welches Motiv würde sich besser eignen, griechisch-abendländische Diskursformationen zu reflektieren, als der Fluß, hier der Li-Fluß als konkreter Erlebnishorizont des Dichters? Im Motiv des Flusses kann der Autor die Spur des Eigenen, Verschütteten, in der Fremde wieder aufnehmen und implizit auf ihre gemeinsame Herkunft verweisen. Der Fluß ist idealer Topos für das gewählte Sujet, weil der Fluß in der frühgriechischen Philosophie (bei Heraklit) Inbegriff der Philosophie des Werdens, des Wandels (pánta rhei) ist, einer Philosophie, bei der einer der tragenden Pfeiler abendländischen Denkens, der Satz der Identität, — der ja erst nach Heraklit von Aristoteles formuliert wurde — schon in Fluß gerät, noch bevor er formuliert wurde: *Du steigst nicht zweimal in denselben Fluß.* Jene Philosophie hat sich ja mit ihrem Primat des Werdens vor dem Sein im „Westen“ nicht durchgesetzt. Im Gegensatz dazu ist das östliche Denken — wenn ich es einmal verkürzt als einheitliche Strömung betrachte — eher ein Prozeßdenken geblieben, das den immanenten Essentialismus des Aristotelischen Identitätssatzes (A ist durch sein Wesen (eidos) A, durch sein gleichbleibendes A-Sein) nicht akzeptiert. Für Linke kann der Fluß deshalb als Symbol, als Erkennungszeichen im ursprünglichen Sinne (symbállein, d. h. zusammenbringen, zusammenwerfen) fungieren, als Bruchstück, dessen zwei Bruchränder ineinander passen und dadurch die ursprüngliche, d. h. genauer *vor-ur-*

sprüngliche Einheit erkennen lassen. Indem der Autor den Fluß symbolisch „ins Zeichen bringt", verfolgt er in der Fremde die Spuren unseres Denkens zurück auf die dem abendländischen und dem asiatischen Denken gemeinsamen Wurzeln. Der Li-Jiang ist für Linke jener symbolträchtige Ort, an dem die Welt zur Poesie wird, an dem das Eigene im Fremden und das Fremde im Eigenen zu Bewußtsein kommen. In diesem Zyklus knüpft Linke ein semantisches Netz, in dem scheinbar Heterogenes miteinander verknüpft wird: Berg, Gedicht, Ich, Fluß, Spiegel, Gott, Fisch, Heiland, Heiliger Geist, Buddha etc. Den Einstieg in dieses Geflecht von Bedeutungen liefert das Superzeichen Li-Fluß.

Ich kann und will im folgenden keine geschlossene Interpretation von Linkes Gedichten vorlegen. Was ich versuchen will, sind Skizzen, mehr oder minder fragmentierte Glossen zu Linkes Texten. Freilich ist mein Text Ausdruck einer persönlichen Erfahrung mit Linkes Texten, mit denen ich beileibe nicht fertig bin, im Gegenteil, die Reflexion hat eben erst begonnen. Meine deshalb eher vorläufigen, teilweise spekulativen Kommentare zu Linkes Texten, konzentrieren sich im wesentlichen auf drei Punkte, nämlich auf die poetische Dekonstruktion der Denkfigur *Reflexion*, die Frage nach dem Ich und die poetologische Frage nach dem Text.

Re-ligio als Dekonstruktion der Re-flexio

Linkes Gedichte präsentieren sich in diesem Zyklus meist als kleine Einheiten, die in wenigen Versen aphoristisch ein Thema in den Blick nehmen, das in anderen Gedichten teilweise wieder aufgenommen, variiert und erweitert wird. So ergeben sich für den Interpreten über die Grenzen des einzelnen Gedichtes hinaus weitere Sinneinheiten. Ich werde deswegen den Fokus häufig über das jeweilige Gedicht hinweg auf größere Sinneinheiten richten, um für die kleineren Gedichte den Horizont auszuleuchten, in dem sie Gestalt annehmen. Der Gesamttext verführt gerade zu solchen „Grenzverletzungen", die das Große im Kleinen und das Kleine im Großen sichtbar machen.

Das erste Gedicht, Bambuszweig, thematisiert bereits ein für den ganzen Zyklus zentrales Motiv, das der Reflexion (bzw. auf das Bewußtsein bezogen, das der Selbstreflexion) bzw. der Nicht-Reflexion. Der Autor beschreibt in den ersten sieben Gedichten eine dialektische Bewegung, deren Zielpunkt — offenbar im Gegensatz zu einer reflexionstheoretischen Bestimmung — in ein taoistisch gedeutetes Verständnis von Selbstbewußtsein zu münden scheint.

Betrachten wir das erste Gedicht:

Ein Bambuszweig treibt vorbei
am Elefantenberg

Der Li-Fluß merkt es nicht.
Das ist sein Geschenk.

Ein Bambuszweig, Zeugnis vergänglichen Lebens, treibt auf der Wasseroberfläche des Li-Flusses am Elefantenberg vorbei. Der Li-Fluß, grammatisches Subjekt des zweiten Satzes, wird semantisch auch als Subjekt angesprochen: der Li-Fluß „merkt" den Bambuszweig nicht. Was heißt das? Die ersten Zeilen des Gedichtszyklusses lassen schon erahnen, daß hier eine ganze philosophische Tradition zum Gespräch gebracht wird, das Eigene wird in der Fremde, über das Verwenden fremder Topoi, poetisch reflektiert und dadurch zum Schwingen gebracht.[2]

Wenn diese Tradition als Horizont angesprochen wird, dann ist deutlich, daß der Li-Fluß kein Erkenntnissubjekt im abendländischen Sinne sein kann. Dies aber nicht deswegen, weil der Fluß kein erkennendes Wesen ist — solche diskursiven Grenzen gelten für eine poetisch verdichtete Welt bekanntlich nicht —, sondern weil der Dichter den

---

[2] Erinnert sei hier an die Wissenskonzeption der frühen griechischen Philosophie, deren Bindung an optische Metaphern im Lateinischen noch deutlich vorhanden ist. So ist „wissen" im Lateinischen ein Präteritopräsens, ein Verb das kein Präsens hat: novi, noscere, nosco, d. h. ich habe gesehen. Dabei wird „Wissen" an ein empirisches, visuelles Fundament gebunden und dann geht ihm sehen bzw. gesehen haben voraus. Insofern ist „Wissen" das Resultat eines Erkenntnisprozesses, der an Wahr-nehmung (!) gebunden ist, und deshalb immer schon abgeschlossen (ich weiß = ich habe gesehen) ist. Daher das Präteritopräsens.

Fluß symbolisch ins Zeichen, die Zeichen in „Fluß" bringt. Dabei erinnert er implizit daran, daß die asiatische Tradition eine andere Wissenskonzeption und damit verknüpft auch eine andere Bewußtseins- bzw. Subjektphilosophie hat. Im abendländischen Sinne von Erkenntnis „merkt" der Fluß den Bambuszweig also gerade nicht, der Fluß scheint blind zu sein, ein bewußt- und gedächtnisloses Mängelwesen. Dies wäre aber ein Schluß aufgrund einer perspektivischen Verrückung. Das Gedicht steuert diesem Eindruck entgegen, indem es diesen Mangel an Bewußtheit positiv konnotiert:

Das ist ein Geschenk.

Das Gedicht führt uns auf geradem, dialektischem Weg in ein metaphorisches Labyrinth von ungeheurer Komplexität. Das einfache Bild, das der Autor hier entwirft, besteht aus drei Komponenten: dem Fluß, dem Berg und dem auf dem Fluß schwimmenden Bambuszweig.

Wir haben hier auf der einen Seite den Berg als Symbol des Statischen, des Gebundenen, des Begrenzten. Der Berg ist aber zugleich selbst Resultat geologischer, tektonischer Verwerfungen und Aufschüttungen; als solcher ist er aufgetürmtes Zeugnis, Spur vergangener Bewegung. Der konkret angesprochene Berg ist ein „Individuum" und hat auch einen Namen: *Elefantenberg*. Auf der metaphorischen Ebene wird damit das Bild weiter konkretisiert und mit Sinn erfüllt. Als *Elefantenberg* werden jenem Kontrapunkt zum Li-Jiang auch jene Attribute des gewichtigen Tieres zugesprochen, nämlich Lebendigkeit, sagenhaftes Gedächtnis — im Gegensatz zum Fluß, der sich den Bambuszweig nicht „merkt" — und Bewegung.

Dem Berg gegenüber, sozusagen eine Dimension tiefer in der Ebene, haben wir den Fluß. Das Flußmotiv, das macht das erste Gedicht schon deutlich, evoziert — wie im gesamten Zyklus — den unserem Denken und Sein vorgängigen Urgrund, jene Einheit, in der noch keine Unterscheidung, noch keine Differenz, noch kein *Urtheil*[3] (Hölderlin) oder noch kein Unterschied (Spencer-Brown) jenen binären Kosmos in Bewegung setzt, der unseren Diskurs sklavisch determiniert. Jener Urgrund wird im frühen griechischen Denken ebenso gedeutet wie im taoistischen, nämlich als *das Eine in Allem* (*hen kai pan*) das Heraklit anspricht oder als WU GI (Nicht-Anfang) bei Laotse.

Wenn man die ersten beiden Motive als Thesis und Antithesis begreift, dann wird das dritte Element des Bildes, der Bambuszweig, als komplexe Synthesis verständlich.

Der Bambus ist als Bambus*zweig* hier Symbol des Lebens schlechthin, des im Fluß der Zeit dahinströmenden, dahinfahrenden, vergänglichen Lebens. Des Lebens, das

---

[3] Vgl. Hölderlins höchst interessanten Aufsatz *Vom Urtheil*, indem er jenen Ur-Sprung der reflexionstheoretischen Bestimmung von Selbstbewußtsein, das, was dem Prozess der Differenzierung zwischen Ich und Nicht-Ich vorausgeht — er nennt es *Urtheil* —, thematisiert.

sich der Wirklichkeit (Zeitlichkeit) aussetzt und von daher verloren geht, davongespült wird ins Meer der Zeitlosigkeit.[4] Der Bambuszweig, der auf dem Fluß treibt, ist zugleich Teil des Flusses, des immerwährenden Prozesses fließender Wasser (durchgängiger Wandel, Dynamik), des *pánta rhei*; als solcher strömt er dahin wie die Wasser des Li-Jiang. Andererseits ist er aber auch eine vom Fluß unterschiedene und unterscheidbare Entität und als solche in sich ruhend dem pánta rhei entgegengesetzt.[5] Versteht man den Fluß hier als Symbol jenes unergründbaren, ungesprungenen Urgrundes, in dem es noch keine Differenzen gibt, in dem noch kein „Urtheil" vollzogen ist — wie ich es vorschlage —, dann wird auch verständlich, daß der Autor hier einen Bambuszweig schwimmen läßt. Er kann damit eine wichtige Affinität zwischen Taoismus und griechischer Philosophie poetisch „ins Zeichen setzen".

---

[4] Bei Heraklit ist der Fluß zentrales Motiv, um das Problem der Identität und des Wandels zu thematisieren. So bspw. in den Fragmenten: *In denselben Fluß ist nicht zweimal zu steigen. In dieselben Flüsse steigen wir und steigen wir nicht; wir sind und sind nicht.*

Denen, die in dieselben Flüsse hineinsteigen, fließen andere und wieder andere Wasser zu. Vgl. Das Wort Heraklits. Fragmente von Heraklit übersetzt und kommentiert von L. Winterhalder. Erlenbach-Zürich 1962, S. 124 f.

[5] Wie in jeder echten Thesis bzw. Antithesis sind diese selbst bereits synthetisch. Dies gilt natürlich auch vom Bambuszweig, der als ehemals lebender Zweig eines Bambusbaumes schon der reißenden Zeit lebendigen Lebens ausgesetzt ist und als abgebrochener Zweig schon nicht mehr am Leben teilhat, sondern nur noch die Spur des Lebendigen davonträgt.

Bei Laotse erscheint das WU GI (Nicht-Anfang) als jener Urgrund, der dem TAI CHI (Ur-Anfang), voraus geht. Das TAI CHI ist der Anfang, auch der Anfang des Diskurses, weil mit ihm das YIN und das YANG sich konstituiert haben, das Positive und das Negative, das Weibliche und das Männliche, Ja und Nein (0 und 1), Erde und Himmel, das Helle und das Dunkle etc. Für das WU GI gilt dasselbe wie für das Heraklitsche *hen*, es ist in allem enthalten.[6]

Das Bild des Bambuszweiges auf dem Fluß scheint mir eine Variante der Beziehung des WU GI zum YIN und YANG darzustellen. Das WU GI wird als leerer Kreis dargestellt, das YIN und YANG als „gefüllter" Kreis, bei dem die schwarze Fläche des Kreises durch einen weißen Punkt ebenso unterbrochen ist wie die weiße Fläche durch einen schwarzen Punkt. YIN und YANG sind damit als dialektische Einheit eingebettet in das WU GI, den Nicht-Anfang als Untergrund. Der Fluß kann nun durchaus als Verkörperung des WU GI verstanden werden und der Bambuszweig als der Ur-Anfang des treibenden Lebens, wobei diese Interpretation insbesondere durch die Rede vom Zweig angeregt wird. Dies unterstützt meine Interpretation, daß der Zweig, die Verzweigung, die Unterscheidung in zwei divergierende Pole, den

---

[6] Vgl. Laotse, Tao te king, Text und Kommentar, übersetzt und mit einem Kommentar von Richard Wilhelm, Düsseldorf/Köln 1978, S. 41 u. 85.

Grundzug des menschlichen Lebens und Denkens schlechthin thematisiert. Denken als Denken der Differenz wird symbolisch im Bambuszweig verdichtet.[7] Die Zirkularität des Lebendigen, hier im Bambus symbolisiert, wird dadurch verdeutlicht, daß dieses Thema in dem Gedicht „Leben“ wiederkehrt, nun aber inhaltlich präzisiert: Nun ist aus dem Bambus*zweig* ein „Bambus voll Leben“ geworden. Die Kreisbewegung, die damit beschrieben wird, ist ein circulus fructuosus. Das erste Gedicht läßt sich dergestalt als komplexe Thesis verstehen, die den Li-Fluß als reflexionsloses Subjekt darstellt.

Im zweiten Gedicht konzipiert der Dichter nun eine komplexe Antithesis:

Li-Jiang
weiß von der Reflexion.
Wenn du auf seine
Wasserfläche schaust,
kennt er dich tiefer.

Es fällt zunächst auf, daß der Fluß jetzt nicht als Li-Fluß angesprochen wird, sondern als Li-Jiang und damit mit

[7] Alle Formen asiatischer Meditation, insbesondere die ZEN-Meditation, sind Versuche, sich aus dem Prokrustesbett des diskursiven, auf Differenz aufbauenden rationalen Denken zu befreien, und jenem Erlebnis teilhaft zu werden, das Satori (Erleuchtung) genannt wird und von dem etwas zum Aufleuchten bringt, was Buddhisten als Nirwana bezeichnen.

der chinesischen Umschrift für Fluß (Jiang). Im Gegensatz zum Gedicht „Bambuszweig", in dem der Fluß nicht merkt, daß ein Zweig auf seiner Oberfläche schwimmt, wird ihm nun ein Wissen zugeschrieben, nämlich das von der *Reflexion*. Auch hier geht es nicht um Selbstreflexion bzw. Selbstbewußtsein, sondern um eine passive Reflexion, eine Reflexion, die dem Anderen Spiegel ist, Medium, um sich selbst zu erfahren, zu erkennen.[8] Nun wird der Beobachter, der Dichter bzw. der Leser direkt angesprochen: *Wenn du auf seine/Wasserfläche schaust/kennt er dich tiefer.* Jenes Wissen, das dem Fluß hier zugeschrieben wird, ist also nicht selbstbezüglich. Das hier implizit angedeutete Bild vom Spiegel wird im fünften Gedicht explizit, dort heißt es:

Ich bin das Wasser
das seinen Spiegel
nicht sieht.

Dies gilt nun auch und gerade für den Fluß selbst. Die Oberfläche des Flusses – hier wird das Bild wieder ganz konkret und zugleich abstrakt – wird zum Spiegel, zur Reflexionsfläche. Was ist ein Spiegel? Ein Spiegel spiegelt vor allem Anderes und nicht sich selbst. Ein Spiegel ist

---

[8] In einem anderen Gedicht Linkes heißt es: „Du wolltest Fluß sein,/den man beschaut".

alles durch das, was er nicht ist, alles durch das Andere, was sich in ihm spiegeln kann. Er ist er selbst, indem er nicht sich selbst erkennt. Was der Spiegel spiegelt, ist das, was von einem Beobachter gesehen werden kann. Reflektiert ein Spiegel kein Objekt, dann ist er leer, dies gilt auch und gerade wenn er sich selbst spiegelt. Ein Betrachter, der in der richtigen Entfernung und im richtigen Winkel auf einen Fluß schaut, kann sich im Fluß gespiegelt sehen (Narziß). Hier führt eine Interpretationslinie auf die Ebene der Poetologie. An anderer Stelle des Gedichtzyklus heißt es:

Und der Li-Jiang.
Ein Gedicht.

Dies scheint mir auch so zu verstehen zu sein, daß das Gedicht für den Leser Spiegel ist, an sich leer, bloße Form, die die Gedanken und Ideen des Lesers reflektiert, ihm wieder zurückgibt.

Das Wissen, das dem Fluß zugeschrieben wird, ist also einmal ein formales Wissen, um die „Erkenntnisform“, nämlich der Reflexion. Inhaltlich wird dieses Wissen nun zu einem Wissen um das, was reflektiert wird, das Du, dessen Auge auf den Spiegel fällt. Der Fluß „kennt“ aber bislang nur den Betrachter „tiefer“, das Andere, nicht sich selbst.

Und immer
wenn Li-Jiang ein Frachtboot pflügt

schließt silberne Haut
zur Reflexion sich
dem Himmel.

Im dritten Gedicht *Frachtboot* wird das Bild von der Teilung, der Differenzierung wieder aufgenommen. Ein Frachtboot erzeugt eine Welle, die den Fluß „pflügt", d. h. an der Oberfläche teilt. Die Welle, die das Sonnenlicht reflektiert, sich einer silbernen Haut gleich übers Wasser zieht und schließlich im Ruhzustand auflöst, ermöglicht dem Fluß durch ihr Verebben eine erneute Reflexion des Himmels. Mit diesem Flußbild evoziert der Dichter das Auge beim Wimpernschlag. Durch die Welle (eine Teilung, d. h. Differenzierung) ausgelöst, schließt sich dieses Auge und kommt zur Ruhe:

schließt silberne Haut
zur Reflexion sich

Hier haben wir das einfältige, nach innen gerichtete Auge (myein) des Mystikers, das sich in der Reflexion nach innen wendet, um an der Ataraxis teilzuhaben und den Gott in uns zu schauen. Indem sich das Auge nach innen wendet, die Welle sich über den Fluß bewegt, ermöglicht es in der Reflexion das Schauen des „Geistigen", des Göttlichen. Die Wendung nach „Innen", um von dieser Dichotomie auszugehen, schafft aber auch die Voraussetzung der Reflexion des „Außen", des Himmels, der wiederum selbst Inbegriff des Geistigen ist. Darauf gründet sich das Enjambement vom vierten zum fünften Vers dieses Gedichts. Die Wasseroberfläche schließt sich dem Himmel zur Reflexion. Das Auge (Wasser), das sich zur Reflexion schließt, ermöglicht durch die damit erreichte Ruhe gerade die Spiegelung des Himmels auf der Wasseroberfläche. Auch hier offenbart sich die Welt der Reflexion als Möbiuswelt, in der das Innen zum Außen wird und umgekehrt.

Das vierte Gedicht ist *Himmel* betitelt und markiert ein Zentrum der ersten sieben Gedichte. Es deutet eine Entwicklung an, die sich in den vorangegangenen Versen anbahnt:

Wenn der Himmel
im Wasser sich spiegelt,
dann hat Li-Jiang
sich verstanden.

Wenn das Fremde, das Außen, hier der Himmel, sich auf der Wasseroberfläche reflektiert, dann hat Li-Jiang sich verstanden. Dies heißt, daß der Fluß ein Selbstverständnis erst erlangt, wenn er in der wellenlosen (d. h. unterschiedslosen) Stille zum Reflexionsmedium des Himmels, Projektionsfläche des Geistigen geworden ist, also nicht, wenn er auf sich selber reflektiert. Damit haben wir jene Seelenruhe markiert, die in den asiatischen Meditationsformen von Taoismus und Buddhismus ebenso angestrebt wird, wie in den christlichen Formen der Meditation. Sie hat nur jeweils einen anderen Namen. Auch hier gestaltet Linke ein Bild, das eine Re-ligio zu einer transkulturellen Einheit symbolisiert.

Im Gedicht *Spiegel* schließlich identifiziert sich der Dichter mit dem Fluß und wir haben jenes Erlebnis Heraklits, bei dem sich das Ich selbst als Fluß erkennt. Linke bringt hier nicht nur den Fluß „ins Zeichen", sondern auch umgekehrt, das Zeichen, insbesondere „Ich", in Fluß:

Ich bin das Wasser
das seinen Spiegel
nicht sieht.

Wie der Himmel spiegelt der Dichter sich im Wasser und erkennt, daß er sich selbst als Reflexionsmedium nicht erkennen kann. Damit sind wir bei dem Motiv, das eigentlich den ganzen Zyklus durchzieht und in den Versen (*Smaragden*) kulminiert, wo Linke das präreflexive, noch ungesprungene Ich, das Himmel und Erde zusammenhält, als Kristall symbolisiert:

Der Kristall bist du selber
wenn du
als Kristall dich nicht denkst.
Kaum gedacht
bist du zersprungen,
zerspringe im Fluß!

Jene poetisch in den Fokus genommene Reflexio als traditionelle philosophische Begründungsmethode erweist sich hinsichtlich des erkennenden Subjekts, in bezug auf das sich selbst in den Blick nehmende Ich, als eigentliche Religio, als Religio auf einen präreflexiven Grund, der selbst nicht begründet und nicht begründbar ist. Das Ich wird zum Ort, an dem die Reflexio als Religio dekonstruktiv wird, die metaphysischen Fundamente der Diskursfigur Reflexion werden augenfällig. Damit sind wir bei der Religio als Reflexio.

Linkes Gedichte sind religiös in jenem doppelten Sinne, auf den uns die Etymologie verweist. Der Begriff „Religion" hat im Lateinischen zwei mögliche Stammväter: *relegere*, d. h. sorgfältiges sich hinwenden auf etwas und *religare*, d. h. Rückbindung an den Ursprung und das letzte Ziel. Religiös im Sinne von *relegere* sind Linkes Gedichte, wenn er sich meditativ, mit höchster Konzentration poetisch einem Thema zuwendet. Jenes Thema im Brennpunkt ist das Ich, das tief geheimnisvolle Ich. Religiös im Sinne von religare sind die Gedichte, weil in ihnen die Rückbindung des dichterischen Ich's an den eigenen Ursprung und das eigene Ziel poetisch vermittelt werden soll. Jener Ursprungs- und Zielort der religio ist traditionell Gott. Wenn bei Linke jener Ursprung zunächst das eigene Ich ist, das im poetischen Prozeß auf sich selbst zurückgespiegelt, reflektiert und zurückgebunden werden soll, dann haben wir jene Methode vor uns, die in der Philosophie traditionell Reflexion genannt wird. Es geht also um Reflexion der Reflexion in der Maske der Poesie. Insofern ist es nicht verwunderlich, wenn allenthalben reflexive Strukturen in diesem Gedichtzyklus zu „entdecken" sind. Jene Re-ligio aufs Ich ist auch bei Linke schließlich doch eine Rückbindung an Gott und zwar gerade über die reflexio der religio, denn jenes Ursprungs-Ich erweist sich als „im Fluß", als urspünglich gesprungen und damit nicht als unversehrte Einheit, die eine reflexive Selbstbestimmung tragen oder begründen könnte. Diese erfahrene, erlebte Unergründlichkeit des Ich, macht den Geist frei, die Wahrheit in sich selbst und das heißt, den Gott in sich zu schauen.

Dabei tritt die Reflexion als zentrale Denkfigur doppelt in den Vordergrund, einmal als Thema und zum anderen, indem der Dichter sich jener Denkfigur bei ihrer Thematisierung selbst bedient. Linke nutzt in diesem Zyklus diese Denkfigur methodisch, um sie rekursiv über sich selbst hinweg zu führen und poetisch zu dekonstruieren.

Die reflexio, traditionell als Spiegelung oder Zurückbeugung übersetzt, gehört in der philosophischen Tradition zu jenen Begriffen im Umkreis der Lichtmetaphorik und bezeichnet den Selbstbezug — heute würde man sagen: die Selbstreferenz — denkenden Bewußtseins. Reflexio als optische Metapher verstanden, vergleicht den Aufmerksamkeitsfokus des Bewußtseins mit einem Lichtstrahl, der ausgehend von seiner Quelle (das Licht des Bewußtseins) über ein spiegelndes Medium auf sich selbst zurückleuchtet. Das Bewußtsein wird sich dergestalt über eine reflexio, eine Rückwendung, seiner selbst bewußt. Die reflexive Wendung des Bewußtseins in der reflexio auf sich selbst ist ein Versuch der Begründung, ja der Selbstbegründung bzw. Selbstbestimmung. Als klassisches Beispiel hierfür läßt sich die im deutschen Idealismus geprägte reflexionstheoretische Bestimmung des Selbstbewußtseins erwähnen.

In diesem methodischen Selbstbezug hat die philosophische Tradition seit Platon den Weg gesehen, zu wahrer Erkenntnis zu gelangen. Augustinus hat diesen Weg der reflexio als *reditus in se ipsum* beschrieben: „Gehe nicht nach draußen, kehre in dich selbst ein; im Innern des Menschen wohnt die Wahrheit“[9]. Diese Wahrheit ist bei Augustinus, der sicher in die platonische Tradition einzuordnen ist, eine intelligible Wahrheit, die die Seele in sich zu erkennen vermag. Jene Wahrheiten sind entsprechend der christlichen Tradition Gedanken Gottes, die die durch das göttliche Licht erleuchtete Seele zu erkennen vermag.

Wenn ich mir hier erlaube, meinen Geist vom kurzen Gängelband akademischer Fokuseinengung einmal los und stromern zu lassen, so gelange ich zu einer frappie-

---

[9] Augustinus, De vera religione 39 (übersetzt von W. Thimme, Zürich 1962) Im Zen-Buddhismus geht es darum, das Alltagsbewußtsein zu transzendieren und das *chien hsing* zu erreichen, was soviel heißt wie „in seine eigene Natur sehen“. Vgl. Toshihiko Izutsu, Philosophie des Zen-Buddhismus, Hamburg 1979, S. 25.

renden, möglicherweise auch skurrilen Analogie. Wenn man die Reflexion als Operation in einem formalen Sinne versteht, dann hat die Reflexion der Reflexion und gelegentlich die Reflexion der Reflexion der Reflexion — wie sie Linke in diesen Gedichten betreibt —, die formale Struktur einer rekursiven Operation. Mir scheinen Linkes Gedichte zu zeigen, daß der Eigenwert der rekursiv benutzten Operation *Reflexion* Gott ist. Eine ganz ähnliche Idee, jedoch ganz im Sinne des deutschen Idealismus begründet, findet sich etwa bei Kleist. Er läßt in seinem Essay *Über das Marionettentheater* seinen fiktiven Gesprächspartner sagen, daß sich Grazie dort am vollkommensten einstellt, wo Reflexion entweder noch gar nicht vorhanden oder wo sie „durch ein Unendliches gegangen ist". Grazie erscheint am reinsten in dem Körperbau, „der entweder gar keins oder ein unendliches Bewußtsein hat, das heißt im Gliedermann oder in dem Gott".[10] Reflexion, die durch ein Unendliches geht, ist demgemäß Gott.

Gleich im ersten Gedicht zeigt sich die reflexio auch für das Gedicht selbst, denn es spricht nicht nur über anderes, sondern auch über sich selbst. Poesie spricht hier poetologisch, das Gedicht transzendiert sich selbst und weist dem Dichter den Weg zur eigenen Selbsttranszendenz. Damit geraten das Ich und der Text in Fluß.

---

[10] Zit. nach Erich Jantsch, Die Selbstorganisation des Universums, München 1986, 3. Aufl. S. 416

Das Ich im Fluß

Heraklit

Heraklit schreitet durch den Abend
Von Ephesus. Ohne Einmischung seines
Willens
Hat der Abend ihn ans
Ufer eines stillen Flusses geführt,
Dessen Bestimmung er nicht kennt.
. . .
Und entdeckt und formt den Ausspruch
Den die Generationen der Menschen
Nicht mehr fallen lassen werden. Seine
Stimme
erklärt:
Niemand steigt zwei Mal in die Wasser
desselben Flusses. Er fühlt
Mit dem Staunen heiligen Schreckens,
Daß auch er ein Fluß ist und eine Flucht.
. . .
. . . J. L. Borges[11]

Linke beschreibt offensichtlich jenes Erlebnis, das Borges in seinem Gedicht Heraklit erleben läßt. In einem kurzen Satz, der von Heraklit überliefert ist, formuliert er mit resignativem Unterton sein Bestreben: Ich habe mich selbst

---

[11] Jorge Luis Borges, Die zwei Labyrinthe, S. 208, 2. Aufl. München 1988

gesucht.[12] Das Ich, das sich auf die Suche nach dem bleibenden, identischen Ich macht, geht zwangsläufig von einer Verdoppelung, einer ursprünglichen Spaltung aus. Solange dieses Ich auf der Suche ist, solange hat es „sich" nicht gefunden. Hat es sich gefunden, dann ist es am Ende angekommen, dort, wo kein Wandel, d. h. kein Leben mehr sich beständig wandelt. Wie für Borges Heraklits Einsicht darin besteht, zu erkennen, daß er wie ein Fluß auf einer immerwährenden Flucht vor sich selbst ist („Ein Fluß und eine Flucht"), so kommt der Dichter „auf meiner Flucht/an den Li-Fluß" und erlebt, daß auch er ein Fluß ist. Linke führt hier die subversive Kraft des pánta rhei gegen die Identitätslogik auf der Seite des Subjektes ins Felde. Müßte der Heraklitsche Satz „*Du steigst nicht zweimal ...*" auf die Subjektphilosophie angewandt nicht demgemäß heißen: *Du steigst nicht einmal als derselbe in den Fluß*?[13] Ist nicht das eine zentrale Botschaft, die die Gedichte Linkes dem reflektierenden Leser vernehmbar machen?

Steht die Identität des Subjektes einmal in Frage, gerät sie in Fluß und kann nicht mehr konsistent begründet werden. Ist das nicht die tiefe Einsicht Heraklits, die Linke hier selbst vollzieht und betroffen erlebt? Linke schreibt in einem Gedicht:

---

[12] Vgl. Winterhalder, a. a. O. S. 114.

[13] Nichts anderes steht in den Upanishaden: Den Erkennenden kann man nicht erkennen.

Zwischen Himmel und Erde
da steht der Mensch
Doch ich sitze
am Li-Fluß
und fließe vorbei.

Der Dichter simuliert den narzistischen Gestus und sieht sein Spiegelbild im Fluß — in doppeltem Sinne. Er erlebt jenes tief geheimnisvolle Ich, das sich verflüssigt, wenn man es „dingfest" machen will. Der Dichter sagt hier implizit: Das bin ich nicht! Sitzt das Ich in meditativer Versenkung am Li-Fluß, dann fließt es vorbei. Linke bringt in diesem Bild das Paralogische am Unternehmen der reflexionstheoretischen Selbstbestimmung zum Ausdruck. Das Ich, das am Fluß sitzt, ist nicht das Ich, das vorbeifließt. Aber womit sollte Ich schon identisch sein, wenn nicht mit etwas mir Entgegengesetztem? Für Aristoteles hat der Identitätssatz auch die Funktion, daß die Gesprächspartner im Diskurs unter einem Begriff dasselbe verstehen, ihn also gleich verwenden. Hegel hat als Paralogismus einen fehlerhaften Schluß definiert, bei dem dasselbe Wort in zwei Prämissen in unterschiedlicher Bedeutung verwendet wird.[14] Wenn Detlef Linke schreibt:

Ich sitze am Li-Fluß
und [ich] fließe vorbei

---

[14] G. W. F. Hegel, Sämtliche Werke, Jubiläums Ausgabe in 20 Bänden, hg. von H. Glockner, Stuttgart 1927 ff., Bd. 8, S. 187.

so *zeigt* er die Paralogie, indem er ein paralogisches Bild zeichnet: Das sitzende Ich kann nicht das Ich sein, das vorbeifließt. Auf diskursiver Ebene wird das Wort „Ich" also jeweils in verschiedenem Sinne verwendet. Das Ich, das vorbeifließt, die strömende Reflexion auf der Wasseroberfläche, das *Simulacrum* schlechthin — ist nicht das Ich, das am Flußufer sitzt und meditiert. Aber jenes Ich, das Ausgangspunkt der Identität gewinnenden Reflexion sein sollte, erweist sich selbst als Simulacrum. Das Ich, das am Fluß sitzt, ist selbst gedacht: In einem anderen Gedicht, heißt es ganz analog:

Und zwischen Erde und Himmel
da steht der Mensch.
Doch ich denke mich
sitzend am Li-Fluß.

Der Dichter beschreibt hier die Erfüllung seines Wunsches in einen Zustand jenseits dieser ursprünglichen Spaltung zu gelangen, die in der reflexionstheoretischen Bestimmung des Selbstbewußtseins liegt, einen ungesprungenen Zustand in dem alles aufgehoben ist:

Du wolltest Fluß sein,
den man beschaut

Der Fluß, den man beschaut, ist für den Beobachter auch Spiegel. Im Gedicht *Lehte fließt bei* sind alle fünf Strophen bis auf den jeweils letzten Vers identisch. Die Wendung: *ich sitze am Li-Fluß/und* taucht in allen fünf Strophen auf und ist syntaktisch so aufgebaut, daß die Konjunktion „und" zwei Hauptsätze verknüpft. In dieser Konstruktion kann das zweite Satzsubjekt ausgelassen werden, wenn es mit dem ersten identisch ist bzw. die zweite Prädikation sich auf dasselbe Subjekt bezieht. Genau von dieser grammatikalischen Möglichkeit macht Linke hier höchst sensibel Gebrauch. Das zweite „Ich" ist als Zeichen abwesend und dennoch semantisch anwesend. Es geht hier und im Kontext des Gedichtzyklusses darum, die Selbstvergessenheit nicht als defizienten Bewußtseinsmodus zu denunzieren, sondern als höhere Form von Bewußtheit zu erleben.

Daß das Ich, das von einer Spur von sich ausgehend, nicht zu sich zurückfinden kann, ist eine Einsicht, die im hinduistisch-buddhistisch geprägten asiatischen Raum uralt ist. Der Dichter, das dichterische Ich definiert sich für Linke als Spiegel, als Reflexionsmedium, ganz analog zum Fluß: „*Mir sagte der Wind, daß Spiegel wir sind*". In einem bereits zitierten Gedicht heißt es: „*Du wolltest Fluß sein,/ den man beschaut*". Der Fluß wird für einen Beobachter auch zum Spiegel. Das Ich des Dichters wird für Linke zum beschaulichen Fluß und läßt sich mit einem Spiegel identifizieren.

Insgesamt konzipiert der Dichter hier ein in Form und Inhalt, in Syntax und Semantik kunstvolles Bild. Das in diesen Passagen syntaktisch untergetauchte Ich löst sich schließlich auch semantisch auf bzw. wird ins Symbolische transformiert, es wird zu Lethe.

Zwischen Erde und Himmel
da steht der Mensch
Doch ich sitze am Li-Fluß
und sehe die drei.

...

...

Zwischen Erde und Himmel
...
...
...
und Lethe fließt bei.

Zunächst scheint jenes Ich, das sieht (1. Strophe), das geht (2. Strophe), das denkt (3. Strophe) vergessen; unausgesprochen setzt der Dichter es als Leerstelle, als Nichts „ins Zeichen“. Damit deutet er mit höchstem Raffinement die buddhistische Idee der Leere des Ich's an, einen Zustand des Erlöschens (Buddha), jenseits aller Dualismen und Differenzierungen, der über die Meditation erreicht werden kann. In der 4. Strophe wird jenes Ich eins mit dem Fluß und fließt vorbei. Das ist jener Zustand, den die Buddhisten samadhi nennen, der Zustand höchster Achtsamkeit, in dem der Gedankenstrom teilnahmslos in seinem Fluß beobachtet wird, ohne daß das Ego interveniert. In der fünften Strophe wird das Gedicht im Symbolischen ganz konkret. An die syntaktische Leerstelle, die in der vorangehenden Strophe durch das Ich eingenommen wurde, tritt nun Lethe:

Doch ich sitze
am Li-Fluß
und Lethe fließt bei.

Wer von Lethe, dem Strom, der im Mythos die elysischen Gefilde des Hades umspült, trinkt, verliert die Erinnerung an das irdische Leben. Für Linke fließt in diesem Moment der Strom des Vergessens herbei, ja Ich und Lethe sind durch den syntaktischen Kontext ineins gesetzt: Das Ich ist in diesem Moment vergessen.[15] Ja man kann noch weiter gehen, der Li-Fluß wird für den Dichter zum Lethe-Strom, angesichts der meditativen Erfahrung des Flusses, vergißt der Dichter sein Ich und erfüllt sich den Wunsch, den er bereits äußerte:

Du wolltest Fluß sein

Ist das dichterische Ich zum Fluß, zum Spiegel geworden, erhebt sich die Frage: für wen? Nimmt Linke hier das pla-

---

[15] Linke scheint hier auf Heideggers Interpretation von Wahrheit als a-letheia, als Unverborgenheit anzuspielen. In jenem Moment, wo das Ich vergessen ist (Lethe), zeigt sich seine Wahrheit (a-letheia).

tonische Verständnis der Dichter als Projektionsflächen göttlicher Intuition wieder auf? Hat der Dichter eine Vermittlerrolle wie sie Hölderlin formulierte: „Dem Volk ins Lied gehüllt, die himmlische Gabe zu erreichen“? Darauf — das käme einer dichterischen Selbstbestimmung gleich — gibt uns Linke in den Gedichten keine explizite Antwort. Andererseits wird hier aber auch der meditative Charakter von Linkes Gedichten deutlich, er verschafft sich mit und in seiner Dichtung Ich-Ferne (Celan) und damit gewinnt er Raum, den ungesprungenen Urgrund gewahr zu werden. Die Kraft der Poesie liegt für ihn somit in der Religio.

Text im Fluß

Ich hatte bereits angedeutet, wie die Engführung des Reflexionsgedankens auf das Gedicht, den Text über sich selbst sprechen läßt, wie das Gedicht zum Fluß wird et vice versa:

Und der Li-Jiang.
Ein Gedicht.

In Linkes Zyklus gibt es eine andere entscheidende Passage, bei der das Gedicht sich selbst transzendiert und poetologisch spricht. Betrachten wir dazu die folgende Stelle:

Wenn der Berg spricht
zum Li-Fluß
hört dieser ihn nicht.
Doch der Dichter
auf dem Frühlingsstein
gibt beiden Gesicht.

Hier wird deutlich, wie Linke mit den Symbolen spielt und zwischen den verschieden logischen Ebenen hin und her springt. Wenn der Berg „spricht", so scheint dies einerseits ein *Sprechen* im symbolischen, oben angedeuteten Sinne zu sein. Dieses *Sprechen des Berges* ist aber Ergebnis des poetischen Prozesses, den der Dichter im Gedicht zustandebringt. Insofern ist er es, der dem Berg wie dem Fluß — und allem, was im Gedicht erscheint — das „Gesicht" gibt. Hier haben wir ein Beispiel dafür, daß Linke in seiner Poesie den poetischen Prozeß mitreflektiert. Um dies deutlich herauszuarbeiten, möchte ich die Sprechweise des Gedichtes in hierarchisch-logische Ebenen unterscheiden. Wir haben zunächst die elementare Sprechweise des Gedichtes: Das Gedicht spricht über die Welt, über die Wirklichkeit, das ist der elementare poetische Raum.

Dann haben wir die selbstreferentielle Ebene, die Meta-Ebene, das Gedicht spricht *über sich selbst*, es wird selbstreflexiv, bspw. an den Stellen wo im Gedicht vom Gedicht selbst die Rede ist. Der elementare poetische Raum wird transzendiert und das Gedicht spricht poetologisch.

Diese Meta-Ebene wird ebenfalls dort angesprochen bzw. implizit angedeutet, wo Metaphern, Symbole, also Zeichen *als Zeichen* thematisiert werden. Von der Struktur her haben wir hier das Problem der Selbstreflexivität im Gedicht thematisiert.

Eine andere Passage ist in diesem Zusammenhang ebenfalls von Bedeutung:

Jeder Berg ist ein Gedicht
wachend
über die Deutung des Flusses.

Der Berg und damit auch der *Elefantenberg* ist ein Gedicht heißt, er ist bleibendes Zeugnis aus der Feder des Dichters, er ist wie das Gedicht selbst eine *dichte* Wortaufschüttung, die als dauerhaftes Gedächtnis auf Vergangenes hinweist. Hier wird erneut die Ebene des Zeichens, des Signifikanten angesprochen, wobei der Autor auch hier deutlich macht, daß der Signifikant nicht von seinem Signifikat zu trennen ist. Dies wird dadurch erreicht, daß die Beziehung der Signifikate oder Denotate, die Beziehung zwischen dem konkreten Elefantenberg und dem Li-Fluß, die Beziehung des Gedichtes zu seinen Zeichen reflektiert und umgekehrt. Der Berg, der dem Fluß „im Wege steht", erreicht, daß der Fluß seinen Weg zum Meer, zum Offenen ändern muß. Insofern „wacht" (der Wachtmeister, der den Verkehr regelt) der Fluß auf die Richtung (Deutung, deuten, zeigen, bestimmen), die der Fluß nimmt. Hier wechselt der Autor aber nun die logischen Ebenen, der Berg, d. h. das Gedicht wacht über die *Deutung* des Flusses, also über die Interpretation. Damit scheint mir das zentrale Thema des gesamten Gedichtzyklus angesprochen. Die Gedichte „wachen" über die Deutung, die Interpretation, die Auslegung, das Verständnis des Flusses. Oder anders gesagt, der Autor lotet die Möglichkeit poetischer und poetologischer Reflexion am Topos des Flusses aus.

Aristoteles hat in *de anima* die Leistung der menschlichen Sprache als zweifache bestimmt: Die menschliche Sprache *deutet* und sie *weist auf etwas hin.* Die letztere Funktion, die der Referenz bzw. der Denotation, geht auf den *sensus literalis* aus. Diese Rolle der Sprache steht hier nicht zur Debatte und über diese Funktion kann das Gedicht auch nicht wachen. „Fluß" referiert auf Fluß, das ist der sensus literalis. Was zum Problem wird und was vom Gedicht thematisiert wird, ist die Deutung des Bildes und damit ist die Sinnebene angesprochen. Das Gedicht wechselt hier also auf die Meta-Ebene der Hermeneutik und macht eine Aussage über sich selbst. Das Gedicht versucht das, was nach Heidegger dem Menschen zukommt, nämlich entwerfende Selbstauslegung und Eröffnung des sinnhaften Horizontes *Welt*. Doch hier müssen wir uns den Autor des Gedichtes hinzudenken. Der Versuch der Selbstauslegung des Gedichtes stammt aus der Feder des Dichters und ist als Versuch zu verstehen, dem Gedicht selbst den hermeneutischen Zirkel aufzubürden. Jener

Zirkel besteht aber nicht nur für und innerhalb des Gedichtes, das wäre Selbstreferenz der 1. Stufe, sondern der Zirkel besteht auch zwischen Autor und Gedicht. Der Autor legt sich also über das Gedicht selbst aus und bleibt dadurch dem Gedicht aufgegeben. Betrachten wir noch etwas genauer die Ebene des sensus literalis. Es gibt auf dieser Ebene die Beziehung Berg—Fluß, die dergestalt ist, daß der Berg die Richtung des Flusses beein-flußt. Auf der Meta-Ebene „wacht" das *ganze Gedicht* (der Berg, das Gedicht *spricht*) über die Interpretation (Deutung). Gerade diese Ebene, die logisch höhere Ebene, läßt sich aber von der darunterliegenden wieder kommentieren. Denn der Berg kann die Richtung des Flusses nur lokal und temporär bestimmen. Übertragen auf die Meta-Ebene, auf die poetologische Ebene heißt dies, daß das Gedicht, der Text als Einheit zwar über die Interpretation „wacht", d. h. seine Deutung, seinen Sinn zu bestimmen trachtet, daß dies allerdings ein vergebliches Unterfangen ist, denn — und hier springe ich auf die andere Ebene — der Fluß kann letztlich doch in die Richtung fließen, die ihm ein Berg zunächst verbaut hat. Nun wird sogar die von mir eingeführte Unterscheidung in logische Ebenen fragwürdig, denn wenn die elementare Ebene die Meta-Ebene kommentiert, dann fungiert diese ja als Meta-Ebene. Wir kommen hier mit dem hierarchischen Denken nicht weiter, es wird deutlich, daß hier das Denken in heterarchischen Beziehungen fruchtbar ist. Die poetische Ebene ist Kontext für das Verständnis der poetologischen und vice versa. Keine Ebene ist logisch der anderen vorgängig. Das verweist uns auf die Unmöglichkeit über Meta-Sprachen aus dem autonomen Kosmos auszubrechen.

Linkes Poetologie holt uns damit in den hermetischen Raum der Sprache wieder zurück. Selbst wenn das Gedicht über sich selbst spricht, spricht es in der Sprache und im Kontext des Gedichtes zu uns. Damit aber bleibt es auf sich selbst zurückgeworfen und dadurch dennoch offen für die Auslegung.

Die Autoren

Detlef Bernhard Linke, am 2. Nov. 1945 auf der Flucht in Struwenberg/Eberswalde geboren. Studium der Medizin, Philosophie, Kommunikationsforschung und Phonetik. Zahlreiche Gedichtbände, ein Roman, ein Theaterstück, fast alles unveröffentlicht. Seit 1982 Professor für Klinische Neurophysiologie und Neurochirurgische Rehabilitation an der Universität Bonn.

Hans Rudi Fischer, am 8. Nov. 1952 in Neustadt an der Weinstraße geboren. Ausbildung zum Industriekaufmann. Studium der Philosophie, Psychologie, Sprach- und Literaturwissenschaften u. a. Promotion in Philosophie. Ausbildung zum System- bzw. Familientherapeuten. Mehrere Jahre wissenschaftlicher Mitarbeiter an der Psychosomatischen Uni-Klinik Heidelberg, Abt. psychoanalytische Grundlagenforschung und Familientherapie. Zur Zeit wissenschaftlicher Mitarbeiter am Heidelberger Institut für systemische Forschung, Therapie und Beratung.

Theodor Sträter

Briefe über die italienische Philosophie

Janus

ISTITUTO ITALIANO
PER GLI STUDI FILOSOFICI